Vidal Ayala

AF174642

CON FLORES A MARIA

MES DE MAYO POPULAR

✳ Editorial Perpetuo Socorro
Covarrubias, 19. 28010 Madrid

DEDICATORIA
  A **San Alfonso de Ligorio**,
en el Tercer Centenario de su nacimiento.
Doctor mariano y autor del libro incomparable:
"Las Glorias de María"

Primera edición: 1996
Segunda edición: 1999
Tercera edición: 2002
(2ª impresión): 2007
(3ª impresión): 2017
Cuarta edición: 2024

I.S.B.N.: 978-84-284-0587-4
Depósito Legal: M-51.170-2007

Imprime: Egersis Soluciones S.L.

PRESENTACION

Entre los objetivos de la NUEVA EVANGELIZA-CION, que el Papa y las diversas Conferencias Episcopales promueven y alientan, se menciona la necesidad de cultivar y promocionar adecuadamente la "religiosidad popular". Este es un fenómeno vivo y palpitante en nuestras comunidades cristianas; no se puede desconocer su fuerza, sus raíces, su fondo sano, aunque, no pocas veces, esté en peligro de desvirtuarse y confundirse con un costumbrismo folklórico, carente de contenido religioso auténtico. Es preciso darle una atención, acercarse al hecho con respeto y delicadeza para infundirle los rasgos y el sentido de la verdadera religiosidad.

Desde un criterio pastoral clarividente, hemos de aportar vías de realización a la religiosidad popular, orientándola e ilustrándola convenientemente. No se trata de una concesión oportunista al pueblo, sino de un reconocimiento al valor de lo que el pueblo vive, crea y siente como propio.

En la misma raíz de la religiosidad popular ocupa un lugar preferente la devoción a la Virgen María; por su extensión, significado y calidad de los sentimientos cultivados, adquiere relevancia singular entre las prácticas devocionales del pueblo creyente. Centrar esta devoción mariana, ilustrarla y fomentarla oportunamente es tarea pastoral gratificante y servicio inestimable al Pueblo de Dios.

Este libro aporta los elementos necesarios para celebrar el Mes de María, día a día, con fórmulas adaptadas para que pueda hacerse privadamente, en grupo o en la comunidad parroquial. Es un extracto, sencillo y popular, del titulado "Con María en oración", 31 Celebraciones; a él puede acudirse en caso de requerir mayor número de elementos oracionales o celebrativos.

Nuestra intención es contribuir, sencillamente, a que a María la amemos junto a Jesús, su Hijo, la invoquemos con fe y confianza como intercesora y la descubramos como modelo para nuestra vida. El Señor bendecirá el esfuerzo en bien del pueblo cristiano.

El Autor

Día 1.º
MARIA CON JESUS ENTRE NOSOTROS

INVOCACIONES INICIALES

En el nombre del Padre y del Hijo
y del Espíritu Santo. Amén.
V/ Dios mío, ven en mi auxilio.
R/ Señor, date prisa en socorrerme.
Gloria al Padre...

ORACION: Señor, purifica mis labios y mi corazón
para que pueda dar gloria a tu nombre,
al bendecir y ensalzar a la Virgen María,
Madre de Jesús y Madre nuestra. Amén.

HIMNO

Ave María, sierva del Señor,
llena de gracia, de amor y de fe,
Dios Padre te ha mirado complacido
y en pleno te concede su favor.

Ave María, esposa del Señor,
arca sagrada de Nueva Alianza,
cuna dichosa de Dios en la tierra,
madre elegida para el Salvador.

Ave María, estrella del Señor,
llave del cielo y puente para Dios,
Virgen clemente, Madre en el dolor,
camino y signo de liberación.

Demos gracias y alabemos al Padre
y a Jesucristo, nuestro Redentor,
que, en unión con el Espíritu Santo,
han colmado a María de esplendor.

La Palabra de Dios

"Establezco hostilidades entre ti y la mujer, entre tu estirpe y la suya; ella te herirá en la cabeza cuando tú ataques su talón" (Gn 3, 15).

"Así nació Jesús, el Mesías: María, su madre, estaba desposada con José y, antes de vivir juntos, resultó que esperaba un hijo por obra del Espíritu Santo" (Mt 1,18).

Jesús, el Hijo de Dios, es el Enviado del Padre, encargado de llevar a cabo el plan nuevo de salvación, haciéndose hombre en el seno de María, elegida para tan alta función. María es la nueva Eva que trae a Cristo y ocupa un lugar preeminente en el plan salvador. La grandeza de María se asienta en la relación íntima e inseparable con su hijo Jesús.

Ofrenda a María: Plegaria

DE TU MANO A NUESTRA HISTORIA

María, en ti el Padre encontró sus complacencias
porque acogiste la anchura del Misterio
y tu apuesta por El fue firme como roca.

María, fecundidad madura a su tiempo,
cosecha en prodigio que nos dio al Mesías,
fuiste vela de amor junto a Jesús en el pesebre
cuando acunabas al Señor de la vida
atinando con el canto y la caricia.

Muéstranos a Jesús, fruto bendito de tu vientre,
y sé Madre de amor en nuestra historia.

FLOR DE CADA DIA Y SUPLICA:

Hoy te ofrecemos como obsequio floral el Tulipán
que simboliza la virtud de la PRUDENCIA. Queremos aprender de ti, Virgen prudente, a comportarnos

con responsabilidad, mesura y sensatez en la búsqueda del bien.

Te pedimos por quienes sufren las consecuencias de acciones imprudentes y por los jóvenes, más propensos a la precipitación y al riesgo innecesario.

(Rezar tres Ave Marías...).

ORACIÓN FINAL

María, por admirable designio del Señor,
fuiste elegida, entre todas las mujeres,
para ser Madre del Salvador, asociada a su obra.

Que aprendamos de ti a conocer y amar a Jesús
y tú seas nuestra guía hasta El, que vive y reina...

Día 2.º
MARIA, NACIDA LIBRE DE CULPA

INVOCACIONES INICIALES E HIMNO (pág. 7)

LA PALABRA DE DIOS

"Ahora está proclamada una amnistía que Dios concede por la fe en Jesucristo... A todos sin distinción porque todos pecaron, pero gratuitamente van siendo rehabilitados por la generosidad de Dios, mediante el rescate presente en Cristo Jesús" (Rm 3,21-24).

"El ángel, entrando a donde estaba ella, le dijo: Alégrate, llena de gracia, el Señor está contigo". (Lc 1, 28).

El hombre se rebeló contra Dios, rompió el plan de la Creación. Es el pecado de origen, en el que todos tenemos parte. María, por especial don de Dios, fue concebida en gracia desde el primer instante, redimida en previsión de los méritos de Cristo.

Por el Sacramento del Bautismo, nosotros nacemos a la vida de gracia. Es tarea nuestra vivir y aumentar esa vida sobrenatural que nos da Dios.

INMACULADA MARIA

Dios te piensa, Inmaculada María,
y surge el prodigio inigualable de tu ser,
puro desde el primer instante, gemelo del sol,
con la costumbre de la luz,
con la querencia transparente de la nube.

Dios te inunda, María,
y arde en gracia llena tu figura,
se te puebla el corazón de cantares de fiesta
y te derramas de gozo ante el Señor.

Dios te habita, María,
y eres valle en flor, puerta y sendero, –
alma libre, corazón limpio, Dios en el medio.

FLOR DE CADA DIA Y SUPLICA:

Te presentamos como flor la Amapola, que simboliza la PACIENCIA. Tú supiste esperar pacientemente hasta que el plan de Dios se cumplió plenamente; con entereza y paciencia superaste todas las contrariedades. Enséñanos a ser pacientes.

Te pedimos por quienes sufren la incomprensión o carecen de porvenir grato, para que se mantengan fuertes, sabiendo que la paciencia todo lo alcanza.

(Rezar tres Ave Marías...).

ORACION FINAL

María, te llamamos Virgen Inmaculada,
admirable por los dones que el Señor te concedió,
y también por las virtudes y obras que practicaste.

Tú, la llena de gracia desde el primer instante,
enséñanos a mantener limpia el alma
y disponible siempre nuestro ser para el Señor,
a quien alabamos por los siglos de los siglos. Amén.

Día 3.º
MARIA, LA JOVEN DE NAZARET

INVOCACIONES INICIALES E HIMNO (pág. 7)

LA PALABRA DE DIOS

"El Señor mismo va a daros una señal. Mirad: la virgen concebirá y dará a luz un hijo y le pondrá de nombre Enmanuel —el Dios con nosotros" (Is 7,14).

"José, hijo de David, no tengas reparo en llevarte a tu casa a María, tu desposada, porque la criatura que lleva en su seno viene del Espíritu Santo" (Mt 1,20)

María es modelo para la juventud. Es mujer joven que vive en la esperanza y en actitud abierta. Sabe cultivar los valores de siempre y aceptar lo nuevo. María es libre desde su propio interior y acepta el compromiso arriesgado y sorprendente que le propone Dios.

Los escasos episodios del Evangelio referidos a María nos la presentan como mujer activa que viaja por iniciativa propia, interviene y se hace presente al lado de Jesús.

LA JOVEN DE NAZARET

María, juventud plantada en la alegría nazarena,
milagro de vida en ti, gracia plena,
eres joven promesa, doncella humilde
que aprende el vuelo de las altas cumbres,
que mira más allá del último recodo
y va juntando luces para el mañana.

Tu pequeñez, María, crece de amor
y florece en cosecha adolescente, generosa,
fruto en temprana sazón que se entrega al Señor.

María, madre de toda juventud,
haz nuestras las alas que te llevaron a Dios.

FLOR DE CADA DIA Y SUPLICA:

Te ofrecemos como flor la Peonía; simboliza la MI-SERICORDIA. Tú que eres Madre de la misericordia, enséñanos a ser misericordiosos, a saber perdonar y pasar por alto los agravios que nos parece recibimos inmerecidamente. A la vez, haz que sepamos acudir a la misericordia de Dios cuando le hayamos ofendido.

Te pedimos por los que se alejan de Dios, despreciando su amor de Padre, para que confíen en su misericordiosa acogida y vuelvan a su abrazo de Padre.

(Rezar tres Ave Marías...).

ORACION FINAL

María, admiramos tu ser joven y entregado,
fuiste la respuesta cabal que agradó al Señor.

Pedimos tu ayuda para los jóvenes de hoy:
dales tu fortaleza, tu honradez y tu amor.

Madre de la juventud, alienta el esfuerzo
de tantos que buscan respuesta en Jesús, que vive...

Día 4.º
MARIA RECIBE LA BUENA NUEVA

INVOCACIONES INICIALES E HIMNO (pág. 7)

LA PALABRA DE DIOS

"El favor de Dios se hizo visible trayendo salvación para todos los hombres; nos enseñó a rechazar la vida impía y a vivir en este mundo con equilibrio, rectitud y piedad" (Tt 2,11).

"El Espíritu Santo descenderá sobre ti y la fuerza del Altísimo te cubrirá con su sombra; por eso al que va a nacer lo llamarán "Ungido", "Hijo de Dios". (Lc 1, 35).

Cristo asume la humanidad recibiéndola de María. El Espíritu Santo, con su fuerza, realiza el prodigio singular: María concibe sin concurso de varón porque va a nacer el Hijo de Dios.

La Anunciación es el momento en que se realiza el primer misterio de la salvación. María ofrece su entera colaboración y así queda asociada integralmente a la acción salvífica de Cristo.

EL SI DE LA ANUNCIACION

Virgen de la anunciación, Señora de la acogida,
tu corazón presiente el misterio de gozo:
tienes de par en par el alma, María,
dispuesta siempre a la hora del ángel;
porque el Señor, para sus citas,
escoge el instante del amor en punto.

Así estás, María, prendida del misterio,
perpleja la razón y el corazón brincando de contento.

Tu sí estremecido abre puertas al misterio;
el amor se hace inmenso, solícito, concreto
y prende, hecha Niño en ti, la caricia más grande.

FLOR DE CADA DIA Y SUPLICA:

Hoy te ofrecemos, María como flor la Dalia; simboliza la actitud de la MANSEDUMBRE; ser manso de corazón constituye una de las bienaventurazas de Jesús y le corresponde poseer la tierra. Hoy se apoderan de ella los exaltados, los agresivos y los dominantes.

Muéstranos cómo mantener la mansedumbre y el ánimo apacible de quien sólo confía en la fuerza del amor y la paz.

(Rezar tres Ave Marías...).

ORACION FINAL

María, tú has sido la criatura humana
más plenamente entregada a los planes de Dios.

Te pedimos que nos ayudes a abrirnos
a la voluntad divina y aceptarla siempre.

Unidos a ti, esperamos cantar agradecidos
la gloria y el amor de Dios, que vive...

Día 5.º
MARIA, MADRE DEL DIOS CON NOSOTROS

INVOCACIONES INICIALES E HIMNO (pág. 7)

LA PALABRA DE DIOS

"Se hizo visible la bondad de Dios y su amor a los hombres... Por su misericordia nos salvó con el Bautismo, con el Espíritu Santo que Dios derramó copiosamente sobre nosotros por medio de nuestro Salvador Jesucristo" (Tt 3,4-6).

"José... subió a Belén para inscribirse con su esposa, María, que estaba encinta. Estando allí le llegó el tiempo del parto y dio a luz a su hijo primogénito; lo envolvió en pañales y lo acostó en un pesebre, porque no encontraron sitio en la posada". (Lc 2, 6-7).

La Virgen María es madre del Enmanuel, que significa el Dios con nosotros, con una clara intencionalidad: hacer posible la presencia salvadora de Dios como hombre entre nosotros. Maternidad de total generosidad, tener un hijo para los demás.

Impulsada por su fe y su amor acepta el plan de Dios, ni fácil de entender ni de cumplir. Aprendamos de ella en las circunstancias complicadas.

EN TI FLORECE EL DIOS CON NOSOTROS

María, Madre y Señora de tu Señor,
Jesús, el Dios con nosotros en la tierra,
tiene a bien aposentarse en ti primero.

Su presencia conmueve tus adentros,
y sientes crecer en oleadas la ternura;
es la propia Vida a quien das vida,
es tu mismo Hacedor a quien moldeas en tu seno.

María, Madre del Dios Niño balbuciente,
tú que alimentaste al autor de todo lo creado
y brindaste el amor a su llanto y su desvelo,
prolonga tu caricia, cuida nuestras vidas.

FLOR DE CADA DIA Y SUPLICA:

Te ofrecemos como flor el Jazmín; simboliza el RE-COGIMIENTO. El mal de nuestra sociedad es la falta de reflexión, de vida interior y de pensamiento; sin recogimiento y apartamiento del ruido y de los afanes con que nos aturdimos, no es posible alcanzar paz y armonía interior.

Te pedimos que seamos capaces de entrar en nosotros mismos, retirarnos de las prisas y evasiones fáciles y emprender el diálogo interior que nos conduce Dios.

(Rezar tres Ave Marías...).

ORACION FINAL

María, Madre de Dios, tuyo es el título
de la mayor dignidad y grandeza en la tierra.

Te resultó sorprendente alumbrarlo en un establo,
emigrar con el Niño indefenso y perseguido,
ser madre en el dolor y en el gozo de la Pascua.

Sé también nuestra madre en toda circunstancia
y llévanos hacia Jesús, tu Hijo, que vive...

Día 6.º
MARIA, LA SIERVA FELIZ DEL SEÑOR

INVOCACIONES INICIALES E HIMNO (pág. 7)

LA PALABRA DE DIOS

"Tú, en cambio, sé hombre de Dios, huye de lo malo, esmérate en la rectitud, la piedad, la fidelidad, el amor, la constancia, la delicadeza. Lucha en el noble combate de la fe y conquista la vida eterna" (Tm 6,11-12).

"Dijo María: Proclama mi alma la grandeza del Señor; se alegra mi espíritu en Dios, mi Salvador, porque se ha fijado en su humilde esclava". (Lc 1, 46).

María perteneció a la clase humilde y pobre. Hubo de soportar las situaciones normales de la gente sencilla de entonces sin recursos y en la sabida marginación por ser mujer.

Aceptó su condición, según el espíritu de los "pobres de Yavé"; ella es su mejor expresión porque sólo confía en el Señor desde su asumida humildad. Se sitúa en esa posición por poseer la dimensión exacta de sí misma ante la grandeza de Dios.

Ofrenda a María: Plegaria

CORAZON SIERVO DEL SEÑOR

María, tu ser entero se arrodilla
ante el Dios que mira, complacido, a los de abajo.

Te declaras la sierva del Señor,
plantada en la orilla difícil de los pobres,
solidaria con los despojados de voz y nombre.

Te sientes densamente en armonía
con los que sólo tienen la luz de su mirada limpia
y un amor disponible a toda hora.

Tu corazón, en permanente servicio de acogida,
se adentra en el gozo inminente del Dios íntimo
que llega, quedamente, hasta tu puerta.

Flor de cada dia y suplica:

Te ofrecemos como flor el Gladiolo; simboliza la OBEDIENCIA. Jesús vino para hacer la voluntad del Padre, humillándose y siendo obediente hasta la muerte. Tu vida, Virgen María, fue constante entrega a la voluntad del Señor, obediencia fiel y disponibilidad a sus planes.

Te pedimos que sepamos estar atentos a descubrir las manifestaciones de la voluntad de Dios en cada momento y obedecer con prontitud sus indicaciones.

(Rezar tres Ave Marías...).

ORACION FINAL

María, la única criatura que logró sentirse
auténtica esclava del Señor con gozo y verdad.
El Señor miró complacido tu abajamiento
y te nombró "bienaventurada" y Reina del cielo.

Ayúdanos a despojarnos de nuestras seguridades
y a entregarnos, confiados, en las manos del Padre.
A El la gloria y el honor por los siglos de los siglos.

Día 7.º
MARIA, UN SI PARA LA TIERRA NUEVA

INVOCACIONES INICIALES E HIMNO (pág. 7)

LA PALABRA DE DIOS

"Vino Yavé, se paró y llamó como las veces anterio-res: ¡Samuel, Samuel!. Entonces respondió Samuel: ¡Habla, Señor, que tu siervo escucha!" (1 Sm 3, 10).

"María contestó: Aquí está la esclava del Señor, cúmplase en mí según tu palabra. Y el ángel se mar-chó". (Lc 1, 38).

La Virgen María, da su pleno asentimiento a la propuesta y voluntad de Dios, declarándose su esclava. El sí de María significa plena aceptación del plan salvador en el que entra a desempeñar un papel singular: Ser Madre del Mesías.

Un sí total es la palabra más densa en contenido y que Dios más aprecia, porque la fe es, ante todo, entrega confiada a Dios. Santidad es llegar hasta donde Dios nos llama: implica el dar un sí rotundo a la voluntad de Dios en cada detalle de la vida.

EL SI MAS ESPERADO

María, eres campo virgen, don feliz,
para el Señor, que ronda la tierra
y dispone la alborada del nuevo linaje,
nacido de la luz, de estirpe inmaculada.

Tu voz planta senderos al Misterio
entre el gozo contenido
y el rubor humilde de la estancia:
"Heme dispuesta, Señor, acepto tu voluntad".

Tu sí, María, abre ya, de par en par,
firmamentos de júbilo y luz de amanecida,
sabe a plenitud y a sementera floreciente:
Dios planta su tienda en tu mar sin orillas
y, a nuestra condición, se acoge de tu mano.

FLOR DE CADA DIA Y SUPLICA:

Hoy te presentamos como flor la Camelia que simboliza la GENEROSIDAD. Tu donación a Dios fue completa, siguiendo el proceder de tu mismo Hijo, Jesús, quien nada se reservó para sí, dio hasta su vida por el amor sin límites a la Humanidad.

Te pedimos nos concedas poder imitar tu sí constante, tu capacidad de donación y entrega; que seamos generosos con Dios y con nuestros hermanos.

(Rezar tres Ave Marías...).

ORACION FINAL

María, fuiste un sí en plenitud para Dios.
Miramos tu ejemplo que nos anima y estimula
hacia el compromiso cristiano en la vida.

Madre nuestra, enséñanos a escuchar al Señor,
a decir sí con generosidad y ser fieles siempre.
Contigo daremos gloria a Dios que vive y reina....

Día 8.º
MARIA, LA LLENA DE GRACIA

Invocaciones iniciales e himno (pág. 7)

LA PALABRA DE DIOS

"Según lo dicho, rehabilitados ahora por la fe, estamos en paz con Dios, por obra de nuestro Señor Jesucristo, pues por él tuvimos entrada a esta situación de gracia en que nos encontramos" (Rm 5, 1).

"La joven se llamaba María. El ángel, entrando a donde estaba ella, le dijo: Alégrate, llena de gracia, el Señor está contigo". (Lc 1, 27).

La plenitud de gracia tiene un significado singular en María: Dios está siempre en ella, la misma vida de Dios vivida por María más intensamente cada día. Porque la gracia es presencia de Dios mismo.

Así María es modelo y ejemplo en la tarea de vivir la presencia de Dios, en mantener la comunicación y armonía perfecta con El y en discernir responsablemente su voluntad y deseos.

LA LLENA DE GRACIA

**María, abundoso caudal de aguas,
campo florido y anchura de sol,
entregada llanura al despertar del alba,
Dios te inunda a raudales con su gracia
y en ti vuelca, al completo, sus favores.**

**Tu nombre nuevo sabe a plenitud divina,
a presencia envolvente de Dios en tu figura,
a gracia derramada sin medida.**

**Santa María, la llena de gracia,
nuestra es la admiración y la alabanza,
nuestro es el gozo de sentir tu mano
abriendo senderos al Dios con nosotros.**

Flor de cada dia y suplica:

Nuestro obsequio es la flor Orquídea; simboliza la HONRADEZ, virtud tan apreciada y tan ausente en nuestra sociedad; hoy se justifican los abusos, las componendas, cualquier medio para conseguir un fin, las posiciones ventajistas, los negocios oscuros y las comisiones injustas. Ser honrado en la vida social es difícil y hay que pagar un alto precio.

Virgen María, ayúdanos a situarnos en la orilla difícil de los que no se venden ni traicionan sus ideales.

Tú que fuiste fiel y honrada a carta cabal, danos el ser honrados en nuestro diario vivir.

(Rezar tres Ave Marías...).

ORACION FINAL

María, el Señor está en ti y eres la llena de gracia, la que agradó en pleno a Dios y poseyó su presencia.

Ayúdanos, Madre, a abrir nuestro ser a Dios, y a vivir en su gracia, en su amistad y alegría. Contigo alabaremos al Señor, que vive y reina...

Día 9.º
MARIA, BENDITA POR SU FE

Invocaciones iniciales e himno (pág. 7)

La palabra de Dios

*"Ese **le valió** no se escribió sólo por él (Abraham) sino también por nosotros; nos valdrá a nosotros porque tenemos fe en el que resucitó de la muerte a Jesús nuestro Señor, entregado por nuestros delitos y resucitado para nuestra rehabilitación"* (Rm 4,24-25).

"En cuanto tu saludo llegó a mis oídos, la criatura saltó de alegría en mi vientre. Y ¡dichosa tú que has creído!. Porque lo que te ha dicho el Señor se cumplirá". (Lc 1, 45).

La Virgen María es ejemplo de fe madura, alcanzada tras duro camino de pruebas, asumiendo las experiencias nuevas, los cambios y modos chocantes por los que Dios se le va manifestando. "María avanzó en la peregrinación de la fe" (Vat. II, LG 58).

Para el cristiano, la tarea primordial es el seguimiento de Cristo desde una fe profunda, que se hace razón de existir y da sentido último a su quehacer humano. La experiencia de Dios ha de ser asumida como esfuerzo hacia la transformación personal y la del mundo del entorno.

DICHOSA POR TU FE

María, eres feliz porque has creído.
La fe te abarca y contornea tu figura.
Eres, ante el Señor, amanecer brindado al canto,
como el arpa entregada a una grácil melodía,
como página en blanco, dispuesta a la acogida.

Tus ojos hicieron costumbre las sendas de Dios,
tus pasos se acoplaron a sus huellas,
y el Señor de los planes impensados
te brinda la certeza esencial en su Palabra.

Madre de la fe difícil, de inmolada mente,
despierta nuestra fe, mueve nuestra montaña.

FLOR DE CADA DIA Y SUPLICA:

Te ofrecemos como flor el Geranio, que simboliza
la FE. Tú que fuiste la primera creyente y bienaventurada por tu fe, muéstranos cómo tener fe firme, sencilla, humilde, ilustrada y constante. Ayúdanos a decirle
al Señor: Creo, pero aumenta mi fe. Que conozcamos
bien la Palabra de Dios y la practiquemos.

Te pedimos hoy especialmente por tantos que se
han alejado de la fe, viven en la indiferencia religiosa
o padecen dudas de fe.

(Rezar tres Ave Marías...).

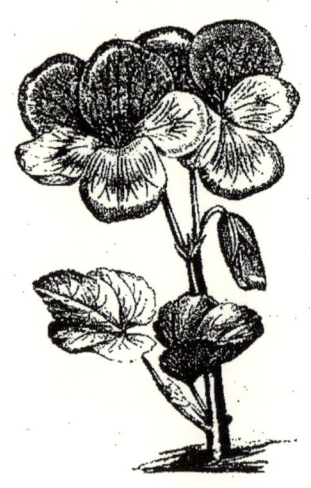

Oracion final

María, serás por siempre la bendita del Señor
porque creíste en su palabra firmemente.
Tu vida nos muestra la claridad de Dios,
tus obras reflejan el poder de la fe.

Ayúdanos a buscar al que es la única Verdad,
a abrirnos de lleno a su Palabra de Vida,
a confiar en Jesús que es el Camino, y vive....

Día 10.º
MARIA, FIEL A SU VOCACION

INVOCACIONES INICIALES E HIMNO (**pág. 7**)

LA PALABRA DE DIOS

"Nos eligió con El, antes de crear el mundo, para que estuviéramos consagrados y sin defecto a sus ojos por el amor; destinándonos ya entonces a ser adoptados por hijos suyos por medio de Jesucristo" (Ef 1,4).

"No me elegisteis vosotros a mí, fui yo quien os elegí a vosotros y os destiné a que os pongáis en camino y deis fruto y un fruto que dure". (Jn 15, 16).

En la perspectiva cristiana, todos estamos llamados a vivir la fe, según la voluntad de Dios que nos eligió, en Cristo, para pertenecer a su pueblo, ser sus hijos y heredar su Reino.

Esta es la primera vocación del cristiano y la más esencial fidelidad que le corresponde. María es la Virgen fiel. Su vida fue un continuo responder a lo que Dios le pedía en cada momento.

Ella recibió una vocación singular y única: Madre de Jesús. Su fidelidad y entrega son un estímulo para nosotros en lo que el Señor nos pida.

OFRENDA A MARIA: PLEGARIA

FIEL A SU VOCACION

Tu sí, María, es densa página en entrega,
hondura despeñada es tu fidelidad
para Dios que se allana, y te designa
vértice del amor que se acerca y condesciende.

Tu corazón, siervo reclinado, se engalana
para el canto, el júbilo y la fiesta;
Dios te habita y se confía a tu seno;
tú agrupas, con presteza, el ser entero
para tenderlo a merced de tu tarea:
ser amor y madre para el Dios con nosotros.

María, enséñanos fidelidad y entrega
a cada servicio que el Señor nos encomienda.

FLOR DE CADA DIA Y SUPLICA:

Te presentamos como flor el Lirio; simboliza la FI-
DELIDAD como actitud de entrega mantenida siempre. Tú fuiste la Virgen fiel y así te invocamos en las
letanías. Enséñanos lo que es una adhesión inquebran-
table, a nosotros que pretendemos pasar por personas
que guardan su palabra y sus compromisos, pero falla-
mos con excesiva facilidad y frecuencia.

Te pedimos firmeza de voluntad para ser fieles a la
voluntad de Dios y al amor que debemos a nuestros
hermanos.

(Rezar tres Ave Marías...).

36

ORACION FINAL

María, tu vida fue una entrega total a Dios.
Tu sí desde el principio se prolongó en fidelidad
a todo lo largo y ancho de tus días.

La voluntad de Dios fue tu alimento,
su palabra el impulso para todos tus actos.

Danos fortaleza y constancia en el bien
hasta hallar contigo a Jesús, que vive...

Día 11.º
MARIA EN EL HOGAR DE NAZARET

INVOCACIONES INICIALES E HIMNO (pág. 7)

LA PALABRA DE DIOS

"Y la prueba de que sois hijos es que Dios envió a vuestro interior el Espíritu de su Hijo que grita: ¡Abba! ¡Padre! De modo que ya no eres esclavo, sino hijo, y si eres hijo también heredero, por obra de Dios" (Gá 4,8).

"Ellos no comprendieron lo que quería decir. Jesús bajó con ellos a Nazaret y siguió bajo su autoridad. Su madre conservaba en su interior el recuerdo de todo aquello. Jesús iba creciendo en saber, en estatura y en el favor de Dios y de los hombres". (Lc 2, 51-52).

La vida de familia en el hogar de Nazaret hubo de desenvolverse de forma natural, siguiendo las costumbres y tradiciones del ambiente y del tiempo. Jesús estuvo gran parte de su vida en vida de familia. En el aspecto humano son primordiales e indispensables las funciones que desempeña la familia, por eso es necesario protegerla.

También en el aspecto religioso, vivencia y transmisión de la fe, la familia es la "pequeña Iglesia doméstica", con su vida y su misión propia.

MUJER DEL HOGAR

María, eres Madre de hogar, Señora de tu casa,
madrugadora presencia para el balbuceo,
sonrisa abierta para el día tan crecido,
manto y regazo para el atardecer del llanto.

María, eres madre y desvelo a todas horas,
que el corazón repica y urge la acogida.
Tus afanes se arraciman en denso laboreo
y, a la vez, educas tu alegría para el éxtasis,
porque el amor no olvida su vocación de cielo.

María, madre de hogar a tiempo pleno,
que tu amor disipe tantas orfandades nuestras.

FLOR DE CADA DIA Y SUPLICA:

Te ofrecemos como flor la Violeta; simboliza la
HUMILDAD, porque apenas se deja ver, pero su aroma es intenso; es grande por dentro, pequeña hacia
fuera. Así fuiste, María, siempre en un segundo plano,
pero creciendo en tu interior esplendorosamente. Queremos imitar tu humildad que es la verdad de nuestra
vida pobre y limitada. Sólo quien sabe su dimensión
exacta se sitúa adecuadamente, porque quien se ensal-
za y eleva, caerá. Te pedimos por quienes son domina-
dos por su vanidad y soberbia para que adquieran sensatez y la justa medida de sí mismos.

(Rezar tres Ave Marías...).

ORACION FINAL

María, velaste con amor por tu casa y familia,
fuiste ternura a manos llenas para tu Dios Niño,
acompañaste, estremecida, sus pasos jóvenes
y lo viste partir aceptando las cosas de su Padre.

Enséñanos a valorar y dignificar la vida de familia;
muéstranos el camino del diálogo y la comprensión,
danos la auténtica actitud de convivencia y el amor.

Día 12.º
MARIA, EN SERVICIO PARA LOS DEMAS

Invocaciones iniciales e himno (pág. 7)

La palabra de Dios

"Arrimad todos el hombro a las cargas de los otros, que con eso cumpliréis la ley del Mesías. Por supuesto, si alguno se figura ser algo, cuando no es nada, él mismo se da el timo" (Gá 6,2-3).

"Unos días después, María se puso en camino y fue a toda prisa a la sierra, a un pueblo de Judea; entró en casa de Zacarías y saludó a Isabel". (Lc 1, 39).

En las escasas ocasiones que el Evangelio menciona a María, aparece en delicada atención y en actitud de servicio hacia quienes le necesitan. La visita a su prima Isabel, tres meses, es para atenderla hasta que dio a luz, porque era mayor de edad.

Nuestras vidas deben constituir una tarea de amor porque ésa es la voluntad de quien "nos ha amado primero". La actitud de servicio es una nota distintiva de los seguidores de Jesús.

SERVIR Y AMAR

María, eres para el Señor rendida ofrenda
como tea que se inmola en luminaria,
igual que se tiende la nieve y se funde en el surco.

Tu amor adivina el momento preciso
en la mesa abastecida de problemas;
conoce, el primero, la urgencia que pide
mano amiga, voz en vela, presencia y caricia.

Tu amor madruga, infatigable, diligente,
a querer a Dios en el hermano,
a buscar la tarea y el servicio solidario
que intuye el corazón y la mano emprende.

FLOR DE CADA DÍA Y SÚPLICA:

Te presentamos como obsequio floral el Jacinto;
simboliza la DILIGENCIA; prontitud y dedicación
asidua a las tareas que nos reclama el deber, el amor,
el servicio. Fuiste, María, diligente para atender a las
necesidades de quienes te rodeaban. Acudiste a toda
prisa a cuidar a Isabel; apresuraste la hora de tu Hijo
en la boda de Caná.

Haz que aprendamos a ser diligentes y activos en el
cumplimiento de nuestras obligaciones, superando la
pereza y la desgana; y que cuando el amor solidario
nos reclame, nos entreguemos sin reservas al servicio
fraterno.

(Rezar tres Ave Marías...).

ORACION FINAL

María, tu grandeza desborda todo límite,
pero tú te declaras la esclava del Señor,
y te sitúas cerca del dolor y entre los pobres.

Danos, María, poseer tu amor encendido,
tu entrega diligente y humilde,
tu generosa actitud de servicio a los demás.

Día 13.º
MARIA ESCUCHA LA PALABRA DE DIOS

INVOCACIONES INICIALES E HIMNO (pág. 7)

LA PALABRA DE DIOS

"Habéis vuelto a nacer, no de una semilla mortal, sino inmortal: por medio de la palabra de Dios viva y permanente... La palabra del Señor permanece para siempre" (1 P 1, 24-25).

"Mientras Jesús decía estas cosas, una mujer de entre la gente gritó: ¡Dichoso el vientre que te llevó y los pechos que te criaron! Pero él repuso: Mejor ¡Dichosos los que escuchan la palabra de Dios y la cumplen!". (Lc 11, 27-29).

Nadie como María ha tenido unas disposiciones tan adecuadas para escuchar la palabra de Dios, acogerla y cumplirla; por eso la alabanza a su Madre, Jesús la amplía: es dichosa por su maternidad, pero también por su colaboración personal, "concibió a Jesús en su corazón antes que en su seno". (S. Agustín)

Tenemos que conocer a Jesús, Palabra definitiva del Padre, y aprender, lectura, escucha, reflexión, su mensaje escrito para llevarlo a la práctica.

OFRENDA A MARIA: PLEGARIA

CUANDO EL SEÑOR LLAMA

María, Señora del asombro y el silencio
para brindar espacio al Misterio presentido;
el tiempo cristaliza en tus contornos
cuando vuelcas, en la escucha, el ser entero.

Multiplican idas y venidas tus manos jornaleras,
en tanto que, por dentro, te crece el diálogo en espera.
Tu mente arrodillada alcanza a devolver
a las cosas sencillas y llanas la luz,
aroma, valor sustancial que Dios les diera.

María, eco fiel y andadura de la Palabra,
edifícanos vuelos a la altura
y alumbra el amor a cada paso en nuestras vidas.

FLOR DE CADA DIA Y SUPLICA:

Te ofrecemos como flor el Alhelí que simboliza la SENCILLEZ, la simplicidad de espíritu, ingenuidad natural e infancia. Nadie como tú supo situarse tan perfectamente en la actitud de la sencillez. Frente al fácil engreimiento de los que se creen ser más porque destacan por sus cualidades o su posición social, vemos en ti la sencillez, la limpia naturalidad con que acogiste el plan singular de Dios sobre ti. Concédenos asemejarnos a ti en esta virtud reconociendo que todos los dones vienen gratuitamente de Dios.

(Rezar tres Ave Marías...).

ORACION FINAL

María, eres la Virgen de la acogida;
el Señor te encuentra siempre dispuesta,
a la escucha y al impulso del Espíritu.

Enséñanos a estar disponibles para el Señor.
Que acojamos con alegría su Palabra
y la llevemos a la práctica de nuestra vida.

Día 14.º
MARIA, LA MUJER FUERTE

INVOCACIONES INICIALES E HIMNO (**pág. 7**)

LA PALABRA DE DIOS

"Muchas mujeres se han mostrado fuertes, pero tú las superas a todas. Engañosa es la gracia, vana la hermosura, la mujer que tema al Señor, ésa será alabada. Dadle del fruto de sus manos y alábenla sus obras en las puertas" (Pr 31, 29-31).

"Levántate, toma al niño y a su madre y huye a Egipto; quédate allí hasta nuevo aviso, porque Herodes va a buscar al niño para matarlo. José se levantó, tomó al niño y a su madre de noche y se fue a Egipto". (Mt 2, 13-15).

Las situaciones planteadas y que hubo de afrontar María en la maternidad, parto y crianza de Jesús, dejan entrever un alma robusta y corazón fuerte en ella. Posteriormente se muestra una mujer presente y activa al lado de Jesús en momentos decisivos.

María cultivó la dimensión personal y social; es modelo de dignidad y liberación femenina, mujer fuerte y completa.

OFRENDA A MARIA: PLEGARIA

FORTALEZA DE MUJER

María, mujer fuerte, recio temple,
corazón de forja en la noche de vigilia,
amor frutal de sonrisa y latido
que se inspira en la vecindad del cielo.

María, tú compones sabiamente la ternura
y aciertas en la siembra jovial de tus desvelos,
cuando trazas rutas al futuro amontonado
y pones a fluir manantiales de esperanza.

María, templa nuestros pasos en firmeza,
derrama fortaleza en nuestra vida
y danos alcanzar la luz por la cruz de cada día.

FLOR DE CADA DIA Y SUPLICA:

Te ofrecemos como flor el Pensamiento, simboliza la AUSTERIDAD; en una sociedad del mayor bienestar posible, hedonista y de gasto superfluo, queremos valorar una actitud austera que sabe contentarse con lo preciso, descubre el valor de las cosas pequeñas y se libera del afán consumista. Danos la virtud de la austeridad

Que sepamos imitar tu vida sencilla y pobre en el hogar de Nazaret.

(Rezar tres Ave Marías...).

ORACION FINAL

María, eres la mujer fuerte, modelo de todos,
ejemplo vivo de liberación y realización humana.
Fuiste recia en los momentos oportunos,
fiel y decidida en el empeño de servir a Dios.

Te pedimos que alientes nuestra fe y esperanza
y nos hagas fuertes en el compromiso de amar.
Contigo daremos gloria al Señor, que vive y reina...

Día 15.º
MARIA EN SU TRABAJO

Invocaciones iniciales e himno (pág. 7)

La palabra de Dios

"Mandamos y recomendamos en nombre de Jesucristo, el Señor, que éstos tales trabajen pacíficamente y así ganen su pan. Por vuestra parte, hermanos, no os canséis de hacer el bien"" (2 Ts 3,13-14).

"La gente decía asombrada: ¿De dónde saca éste ese saber y esos milagros? ¿No es el hijo del carpintero? Si su madre es María". (Mt 13,54).

La familia de Nazaret trabajó manualmente, cosa natural es un hogar humilde. María dedicó sus energías y largas horas a las interminables faenas de la casa; tareas sin relieve, fáciles o costosas.

En la mentalidad cristiana el trabajo ha gozado de alta consideración, incluso como vía de perfección.

El trabajo ha de ser asumido como forma de cumplir la voluntad de Dios, realizar nuestra propia vocación y cooperar al desarrollo y bienestar social.

JORNALERA DE AMOR

María, Madre del hogar, Señora del trabajo
que sabe de noble sudor en la frente
y del pan merecido en la alacena;
bendecimos tus manos siempre en vela,
obreras incansables de las horas y caminos.

Tus manos que acunaron insomnios de Dios Niño,
enjugaron sus llantos, pulsaron ternura y sonrisa,
que amasaron, partieron el pan, cosieron el vestido.

Benditas tus tareas, tus horas ocupadas,
vuelo de tu corazón, aprendiz del Dios orfebre
que dio al trabajo dignidad, amor y sentido.

FLOR DE CADA DIA Y SUPLICA:

Te ofrecemos como flor la Vara de San José, que
simboliza la LABORIOSIDAD, la dedicación al trabajo, el gusto por la obra bien hecha. El ocio es ocasión
para el bien si se emplea provechosamente el tiempo,
para ello es preciso poseer o cultivar la laboriosidad
productiva. Y el paro laboral constituye un problema
de difícil solución y que destruye a la persona.

Te pedimos nos ayudes a conseguir espíritu de laboriosidad a todos, y a quienes carecen de empleo, dales
la posibilidad de obtenerlo, en especial, a los padres
de familia y los jóvenes.

(Rezar tres Ave Marías...).

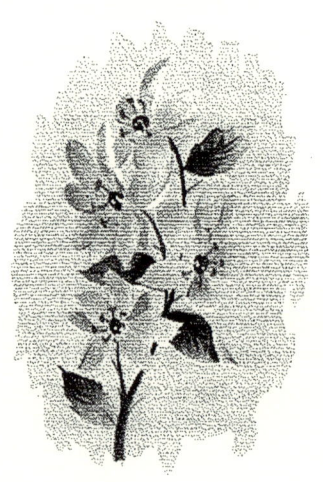

ORACION FINAL

María, tu amor se expresa en el amor callado,
en esa faenas diarias del hogar, tan pequeñas.

Ayúdanos a aceptar nuestros trabajos,
a descubrir en ellos el medio de santificación,
de realizarnos y de servir a los hermanos.

Día 16.º
MARIA, COMPAÑERA DE LA CRUZ

INVOCACIONES INICIALES E HIMNO (pág. 7)

LA PALABRA DE DIOS

"Pues mientras los judíos piden señales y los griegos buscan saber, nosotros predicamos a Cristo crucificado, escándalo para los judíos, locura para los paganos, pero es sabiduría y poder para los llamados" (1 Co 1, 22-24).

"Y dijo a María, su madre: Mira, éste está puesto para que todos en Israel caigan o se levanten; será una bandera discutida; mientras que a ti, una espada te traspasará el corazón". (Lc 2, 35-36).

María sentirá la espada de dolor a todo lo largo de su vida en forma de angustia, destierro, persecución, incomprensión, pérdida de su Hijo, soledad. Alcanza el punto culminante al pie de la Cruz donde muere Jesús; tiene la experiencia más amarga de la injusticia y de su propia impotencia.

La fortaleza de María es ejemplo para nosotros; nos ayuda a tomar la dimensión de la condición humana, informada por lo cristiano, a descubrir el sentido del dolor para el creyente, identificado con Cristo sufriente.

Ofrenda a María: Plegaria

EN LA CRUZ DE CADA DIA

María, mujer firme en la hondura del dolor,
incansable compañera de la Cruz,
eres Madre del Mesías fugitivo y emigrante,
de tu Hijo pendiente de las cosas de su Padre,
de tu Hijo incomprendido, solo, traicionado,
de tu Hijo que sufre y muere clavado en el madero.

La cruz se hizo costumbre y mástil de tu vida,
plegaria prolongada y vuelo peregrino
hacia el gozo pascual por tu Hijo prometido.

Virgen en soledad, fragilidad doliente,
tu sufrir nos desvela el sentido, el horizonte
y el jornal de la cruz, del dolor de cada hombre.

Flor de cada dia y suplica:

Te presentamos como flor la Pasionaria. Reproduce
en figura los instrumento de la Pasión de Jesús, y simboliza la FORTALEZA ante el sufrimiento y las pe-
nas. Se necesita mucha entereza de ánimo para cargar
con la cruz de cada día y llevarla con semblante sere-
no; el dolor curte, da madurez y enseña a ser compasi-
vo con los demás; sólo quien sabe sufrir podrá amar
de verdad.

Que aprendamos de tu vida lo que es fortaleza; con-
cédela a quienes son víctimas de la injusticia humana.

(Rezar tres Ave Marías...).

ORACION FINAL

María, tú has sido la única criatura inocente,
tus manos sólo repartieron amor y bondad,
pero el dolor hirió, como espada, tu corazón,
supiste asumir la parte de cruz que Jesús te cedió.

Ayúdanos a entender y abrazar nuestras cruces,
danos fortaleza y consuelo en la hora del dolor.
Alcanzaremos el premio junto a Jesús, que vive...

Día 17.º
MARIA, UNIDA A DIOS EN LA ORACION

Invocaciones iniciales e himno (pág. 7)

La palabra de Dios

"En el espíritu manteneos fervientes, siempre al servicio del Señor. Que la esperanza os tenga alegres; sed enteros en las dificultades y asiduos a la oración". (Rm 12, 11-12).

"Cuando recéis, no seáis palabreros como los paganos, que se imaginan que por hablar mucho les harán más caso. No seáis como ellos, que vuestro Padre sabe lo que os hace falta antes que se lo pidáis". (Mt 6, 7-8).

La oración más significativa, en María, es la que surgía desde lo íntimo de su ser por su armonía perfecta con la voluntad de Dios: comunicación continua e intensa que llena su vida.

Cristo mostró una actitud de oración continua y de unión con su Padre Dios; e insistió a sus discípulos en la necesidad de orar. Toda oración personal y acto litúrgico ha de dirigirse a Dios en el nombre de Cristo.

La necesidad de orar se descubre en la medida en que nos abrimos al infinito, a la cercanía de Dios.

UNIDA EN ORACION

María, Reina del éxtasis, Madre de la contemplación,
viajera prendida al vergel de tu Dios.
El tiempo se detiene denso, leal, sumiso,
en la hora de gracia de tus citas con el Señor.
Tu ser engalanado, en fiesta prevenida,
acude presuroso al reclamo del amor.

Dios inicia, complacido, su ronda a tus adentros;
te recorre preciso, familiar, inmenso,
mientras tiendes el alma, como alfombra,
y el corazón se te anega en claridades impensadas.

Intimo coloquio, recóndita colmena,
así te estás, María, a la vera de Dios,
luz y transparencia, oración en punto.

FLOR DE CADA DIA Y SUPLICA:

Te presentamos la flor de la Anémona. Simboliza la
PIEDAD, virtud espiritual que dice referencia a la actitud de fe y práctica religiosa, al esfuerzo por comu-
nicarse con Dios, tributándole el amor, reverencia y
culto debido a su gloria y poder. Hoy día son muchos
los que se alejan de Dios, viven indiferentes ante la re-
ligión y pierden la fe.

Tu vida de entrega a Dios y de piedad religiosa, María, nos muestra la importancia de ser fervorosos en las
prácticas cristianas. Danos adquirir la verdadera piedad
y concede la luz de la fe a los que la han perdido.

(Rezar tres Ave Marías...).

ORACION FINAL

María, toda tu vida fue plegaria al Señor.
Eres la Virgen orante hacia Jesús, tu Hijo,
en apoyo intercesor con la primera Iglesia.

Te pedimos que nos des tu protección y socorro.
Nos encomendamos a tu amor de Madre
y oramos en el nombre de Cristo, que vive....

Día 18.º
MARIA, MODELO Y PATRONA

INVOCACIONES INICIALES E HIMNO (pág. 7)

LA PALABRA DE DIOS

"Pero de él viene que vosotros, mediante Cristo Jesús, tengáis existencia, pues él se hizo para nosotros saber que viene de Dios: honradez y, además, consagración y liberación" (1 Co 1, 30).

"Se parecerá el Reino de Dios a diez muchachas que tomaron sus candiles y salieron a recibir al novio. Cinco eran necias y cinco sensatas. Las necias se dejaron el aceite; las sensatas, en cambio, llevaron alcuzas de aceite además de los candiles". (Mt. 25, 1-3).

María se presenta como modelo asequible a nosotros, porque su grandeza reside en lo más elemental y simple: hacer bien las cosas pequeñas y las tareas sin relieve. Y sus motivaciones y actitudes al obrar son las que tenemos que imitar, no sólo admirar.

La meta en la realización de cada uno es llegar ser persona auténtica construyendo desde sí mismo, sin fotocopiar a otro. Es necesario un conocimiento propio, aceptación y superación de lo que somos.

MODELO PARA TODOS

Dios te moldeó, María, en el torno del amor,
con el esmero elocuente y artesano
que el cariño imprime a los detalles.

Te erigió en el modelo perfecto de lo humano,
portento y obra cumbre del saber divino.
Así eres deleite del mirar, gozo del sentir,
pregón de pleamares de esperanza
y enseña de augustos ideales en la vida.

Nuestra admiración se hace canto convenido,
impulso, estímulo y aliento en nuestra ruta
hacia el encuentro con Dios, tu Hijo.

Flor de cada dia y suplica:

Te ofrecemos como flor la Petunia; simboliza la
BONDAD. Es cualidad del carácter y es actitud ad-
quirida por la costumbre de pensar y hacer el bien. La
bondad natural es virtud inapreciable en la persona y
abunda entre la gente sencilla, sin malear por la vida.
Pero es posible una bondad ejercitada a fuerza de con-
vencerse que el otro siempre es un hermano a quien
hay que comprender, perdonar y ayudar.

Te pedimos, Virgen María, nos concedas poseer y
cultivar un corazón sano que sabe amar y compartir el
bien que rebosa de su interior.

(Rezar tres Ave Marías...).

ORACION FINAL

María, tu vida fue sencilla y silenciosa,
tu entrega se hizo costumbre generosa
y el amor marcó el rumbo fecundo de tus días.

Necesitamos el ejemplo de tu donación en pleno,
para animarnos a dar nuestro sí a Dios
en cada apuesta del amor que nos reclama.
Guía nuestros pasos hacia Cristo, que vive...

Día 19.º
MARIA, MADRE DE LA IGLESIA

INVOCACIONES INICIALES E HIMNO (pág. 7)

LA PALABRA DE DIOS

"Todos ellos se dedicaban a la oración en común, junto con algunas mujeres, además de María la madre de Jesús, y sus parientes". (Hch 1, 14).

"Paseando la mirada por los que estaban sentados en el corro, dijo: Aquí tenéis a mi madre y mis hermanos. El que cumple la voluntad de Dios, ése es hermano mío y hermana y madre". (Mc 3, 34-35).

La Virgen María, por ser Madre de Cristo, Cabeza de la Iglesia, es también Madre de todo el Pueblo de Dios. Su maternidad espiritual comienza en cuanto concibe a Jesús.

La Iglesia es la familia o congregación de todos los creyentes y seguidores de Cristo. En ella y a través de ella se prolonga su acción liberadora. Como comunidad de fe y unidad de destino, responde a la necesidad de convivencia solidaria para vivir y expresar las creencias.

Cada creyente y miembro de la Iglesia tiene en ella su propia función o servicio.

MADRE DEL NUEVO PUEBLO

**María, tronco común de primeras lealtades,
raíz compartida de la fe naciente,
al calor de tu presencia orante
el Espíritu, irrumpiendo, edifica la Iglesia
que, en manantial compacto, brota, se expande
y camina segura al amparo de tu mano.**

**María, Madre de la Iglesia, con Cristo
alumbraste un pueblo nuevo y fuerte de hermanos.
Haz florecer en la Iglesia el abrazo universal;
congréganos en cálido y prieto racimo,
espiga apiñada, feliz comunión y cosecha de Dios.**

FLOR DE CADA DIA Y SUPLICA:

Hoy te presentamos como flor la Caléndula; simboliza la COMPRESION. El corazón de una madre es el mejor dotado para comprender a sus hijos; sin duda porque está más dispuesto a ponerse en el lugar de ellos, disculpar sus fallos y debilidades. Como Madre de todos, nos comprendes mejor que nadie. También nosotros necesitamos la actitud de comprensión mutua para hacer posible la convivencia fraterna.

Te pedimos nos concedas el saber practicar una profunda comprensión en nuestra vida de relación con los demás.

(Rezar tres Ave Marías...).

Oracion final

María, tu gozosa maternidad se hace universal
para abarcar a toda la Iglesia, Pueblo de Dios,
familia creyente que sigue a tu Hijo, Jesús.

Ayúdanos a ser piedras vivas en la Iglesia,
a vivir la fe en amor, unidad y verdad,
a repartir esperanza en Cristo, que vive...

Día 20.º
MARIA, CAMINO HACIA CRISTO

Invocaciones iniciales e himno (pág. 7)

LA PALABRA DE DIOS

"En el viaje, cerca ya de Damasco, de repente, una luz celeste relampagueó en torno a él. Cayó a tierra y oyó una voz que le decía: Saulo, Saulo, ¿por qué me persigues? Preguntó él: ¿Quién eres tú, Señor?" (Hch 9, 3-4).

"Al entrar en casa, vieron al niño con María, su Madre, y cayendo de rodillas le rindieron homenaje; luego abrieron sus cofres y como regalo le ofrecieron oro, incienso y mirra. Avisados en sueños de que no volvieran a Herodes, se marcharon a su tierra por otro camino". (Mt 2, 11-12).

María comprende pronto que Jesús está en ella "en camino" hacia los hombres. No le pertenece, ha de seguir el plan de Dios que tiene dispuesto entregar a su Hijo por los demás. Ella está para hacerlo posible, siendo también guía de los hombres hacia su Hijo.

Al seguimiento de Cristo somos llamados todos, tras conocer la respuesta al ¿Quién eres tú, Señor? Y se concreta en el quehacer del cristiano en dos actitudes: creer y actuar según el Espíritu de Jesús.

OFRENDA A MARIA: PLEGARIA

LA VIRGEN GUIA

María, tierra madre germinando a Dios,
Virgen en ruta, prendida en el misterio,
eres punto primero, arranque hacia el Señor
que nos llama desde siempre e insiste sin cansarse.

Eres nuestro empeño puesto en pie
que difunde esenciales vuelos a las cumbres;
eres señal, feliz indicador de vía exacta,
romero amigo de acompasado ritmo en el camino.

Santa María, venturosa andariega con nosotros,
tiende tu mano y enlaza nuestra marcha hacia Jesús,
concertada, al fin, a tu paso y a su horizonte.

FLOR DE CADA DIA Y SUPLICA:

Hoy te hacemos el obsequio floral de las Narcisinas. Simbolizan la AMABILIDAD. A ti, María, te invocamos en las letanías como Madre amable; expresa un doble movimiento o acción: hacia ti nuestro amor porque eres digna de ser amada; hacia nosotros tu amor porque posees la más alta capacidad de amar.

La amabilidad, en nuestras relaciones humanas, es un don inapreciable. Poner amabilidad en todos nuestros actos es el gran remedio para tanta tensión, tantos conflictos y tantas rupturas de la convivencia.

Danos ser amables siempre, capaces de repartir gratis la sonrisa y sembrar de buen humor nuestra vida.

(Rezar tres Ave Marías...).

ORACION FINAL

María, te llamamos Madre del Camino,
porque nos traes a Jesús, Camino, Verdad y Vida.
Tú misma eres guía y camino hacia Jesús.

Te pedimos que orientes nuestra vida
y dirijas nuestro seguimiento al Maestro.
Que, a tu lado, completemos la jornada presente
hasta llegar al encuentro con el Padre, que vive...

Día 21.º
MARIA, MADRE SIEMPRE CERCANA

INVOCACIONES INICIALES E HIMNO (pág. 7)

LA PALABRA DE DIOS

"Así seréis capaces de comprender, en compañía de todos los consagrados, lo que es anchura y largura, altura y profundidad, y de conocer lo que supera todo conocimiento: el amor de Cristo, llenándonos de la plenitud total, que es Dios" (Ef 3, 18-19).

"Al ver a su madre y, a su lado, al discípulo preferido, dijo Jesús: Mujer, ése es tu hijo. Y luego al discípulo: ésa es tu madre. Desde entonces el discípulo la tuvo en su casa". (Jn 19, 26-28).

Con acertada propiedad, a María se la representa, en la antigüedad y casi siempre en nuestros días, con el Niño Jesús. Dios quiso unirlos en la realización del plan salvador. Y la cercanía a Jesús se extiende a nosotros. El Concilio Vaticano II afirma: "María, en la Iglesia, ocupa el puesto más alto después de Cristo y, a la vez, el más próximo a nosotros". (LG 54)

El cristiano trasladó el significado y los valores de la madre en el orden natural, a María en el sobrenatural, con expresiones ricas en sensibilidad, ternura y amor confiado.

MADRE RAIZ Y CERCANA

María, Madre raíz, cuna del linaje nuevo,
cálida tierra en sazón de Pascua florida,
eres radiante presencia del beso en la mejilla,
con la voz y la mirada, en clave de ternura,
templando fríos, heridas, oscuros temblores.

María, Madre raíz, tan cercana,
tú descifras, puntual, nuestra indigencia humana;
te duelen muy dentro nuestros ojos desvalidos
y acude tu caricia en oleadas de madre.

Tu amor dispone y nos ofrece la sonrisa
como pórtico y hogar del gozo en cada instante.

FLOR DE CADA DIA Y SUPLICA:

Te entregamos como obsequio floral la Rosa; simboliza el AMOR DE DIOS, como disposición básica del seguidor de Cristo. Tu amor a Dios fue el eje de tu vida porque amaste al Señor con todo el corazón, con toda el alma, con todas tus fuerzas, según indicaba el mandamiento primero. A Dios no basta con respetarlo, darle culto y seguir sus preceptos; Dios, que nos ha amado el primero, invita a que le correspondamos en la misma línea.

Te pedimos, Madre del amor, que nos enseñes a amar a Dios como a nuestro buen Padre que cuida de todos.

(Rezar tres Ave Marías...).

Oracion final

María, te invocamos con el nombre más bello;
Madre del amor pleno y generoso.

Deseamos sentirte cercana siempre a nosotros;
tu ternura y comprensión maternales
serán aliento seguro y estímulo en la vida.

Que tu amor nos lleve a Jesús, que vive...

Día 22.º
MARIA, CAUSA DE NUESTRA ALEGRIA

INVOCACIONES INICIALES E HIMNO (pág. 7)

LA PALABRA DE DIOS

"Como cristianos, estad siempre alegres, os lo repito, estad alegres. Que todo el mundo note lo amables que sois. El Señor está cerca. No os agobiéis por nada" (Flp 4, 4-5).

"Manteneos en el amor que os tengo, y para manteneros en mi amor cumplid mis mandamientos; también yo he cumplido la voluntad del padre y me mantengo en su amor. Os dejo dicho esto para que compartáis mi alegría y así vuestra alegría sea total". (Jn 15, 9-11).

María expresa la realidad que vive: "Se alegra mi espíritu en Dios, mi Salvador". Dios es el centro y la causa de su alegría colmada.

La perfecta armonía con la voluntad del Señor, le permite disfrutar de la felicidad posible en esta vida. Ahí tenemos el secreto y la clave para nuestro vivir, nosotros que somos perpetuos buscadores de la felicidad.

La verdadera alegría nace de dentro de la persona, como un estado de ánimo permanente que se sustenta en la satisfacción del deber cumplido.

OFRENDA A MARIA: PLEGARIA

MADRE DEL GOZO PLENO

María, hontanar de la sonrisa,
causa y preludio de nuestra alegría,
tú quiebras el cerco del llanto que ahoga,
insensible, las dichas en ciernes;
ahuyentas el luto crispado del miedo
que ronda, despierto, el corazón del hombre.

Tú enciendes, por dentro, la luz para el canto,
dispones el clima y la voz al pregón del regocijo.
Tu nombre, María, es divisa del júbilo eterno,
evocarte es plantar el umbral de la fiesta,
sentirte tan cerca, tan madre, tan nuestra,
nos colma de gozo, de amor y esperanza.

FLOR DE CADA DIA Y SUPLICA:

Nuestro obsequio es la flor llamada Verbena, que simboliza la ALEGRIA. Tu espíritu, María, se alegraba en Dios, tu Salvador. Nosotros queremos que la fuente de nuestras alegrías sea también el Señor, porque en hacer su voluntad está el acierto y el motivo de satisfacción verdadera. Tú, a quien invocamos como "causa de nuestra alegría", haz posible el gozo, la dicha y la felicidad compartida entre todos.

(Rezar tres Ave Marías...).

ORACION FINAL

María, eres madre de la verdadera alegría,
porque tu entrega y unión con el Señor
te descubrió el secreto de la felicidad plena.

No permitas que nuestros pasos se pierdan en busca
de fuentes de alegrías engañosas.
Danos descubrir el gozo en el Señor
hasta alcanzar la eterna fiesta en el cielo.

Día 23.º
MARIA, SIGNO DE ESPERANZA

INVOCACIONES INICIALES E HIMNO (pág. 7)

LA PALABRA DE DIOS

"Que el Dios de la esperanza colme vuestra fe de alegría y de paz, para que con la fuerza del Espíritu Santo desbordéis de esperanza" (Rm 15-13).

"Ahora, Señor, según tu promesa, despides a tu siervo en paz, porque mis ojos han visto a tu Salvador; lo has colocado ante todos los pueblos como luz para alumbrar a las naciones". (Lc 2, 29-32).

María participó intensamente de la esperanza mesiánica y colaboró activamente en su realización, dejándose conducir por la voluntad de Dios con plena confianza.

María es la señal de que Dios sigue amando a la Humanidad, porque nos la da como madre: don singular y manifestación de predilección. Por eso es signo de esperanza.

Tenemos motivos sobrados para invocar a María en la salve: vida, dulzura y esperanza nuestra. Su amor maternal nos protege.

SIGNO DE ESPERANZA

María, Madre de la Esperanza,
anuncio y primicia de Buena Nueva;
tú acoges la voz que te nombra el misterio
y trenzas, humilde, el camino a la promesa.

Eres, María, ventura y presagio dichoso,
prenda feliz de los bienes prometidos,
sello de presencia del Dios con nosotros,
de su amor sorprendente a nuestra arcilla.

Tú nos traes a Dios y El nos da tu caricia.
Te cantamos cual signo de amor para hoy,
vida, dulzura y esperanza para siempre.

FLOR DE CADA DIA Y SUPLICA:

Te ofrecemos como flor para hoy la Clavellina;
simboliza la ESPERANZA, la virtud y disposición
imprescindible para la persona humana; sin ella no es
posible vivir en la tierra, no es posible superar la dure-
za del camino, no es posible encontrar sentido al acon-
tecer diario.

Tú, María, que eres signo y modelo de esperanza,
concédenos esta actitud: caminar por la vida con la se-
guridad de sabernos en las manos de Dios y bajo tu
protección; confiar en la Palabra del Señor y en su
Providencia, en el presente y hacia el futuro de gloria.

(Rezar tres Ave Marías...).

ORACION FINAL

María, te fiaste enteramente de Dios,
te dejaste conducir siempre por su mano.

Ayúdanos a confiar en el Señor
y danos el talante verdadero del cristiano:
pies firmes para andar los duros senderos
y ojos ilusionados para mirar al cielo
hasta alcanzar el abrazo del Padre en la Gloria.

Día 24.º
MARIA, SIGNO DE LIBERACION

INVOCACIONES INICIALES E HIMNO (pág. 7)

LA PALABRA DE DIOS

"Mostró su generosidad sobre nosotros por medio de su Hijo querido, el cual, con su sangre, nos ha obtenido la liberación, el perdón de los pecados" (Ef 1, 7).

"Su brazo interviene con fuerza, desbarata los planes de los arrogantes, derriba del trono a los poderosos y exalta a los humildes; a los hambrientos los colma de bienes y a los ricos los despide vacíos" (Lc 1, 51-53).

Es altamente significativo que el evangelista ponga en labios de María un canto de liberación, típico en la tradición religiosa de Israel y en la línea de la expresión de confianza del pobre en el Señor; Dios libera en el tiempo presente al hombre real y concreto, no hay que esperar al escatológico futuro.

Nuestra liberación nos la da Cristo, que asumió el ser nuestro universal Salvador y que es la Verdad que nos hace libres; su programa es la liberación progresiva, como arranque aquí en el presente y culminación en la vida del cielo futuro.

OFRENDA A MARIA: PLEGARIA

MADRE DE LA LIBERACION

María, tu nombre publica mil vuelos de cumbre,
trigal placidez de plegaria, bullir de romería;
eres calor derramado en el relente,
rumor de muchos soles sonándonos las manos.

Tu corazón habita al raso, a la intemperie,
y, con sólo la disponibilidad por credenciales,
se tiende ante el Señor que viene y llama.

Madre a campo abierto, Señora de la liberación,
cuando duele la vida oprimida del hombre
eres pregón y anuncio de nuevas libertades
en el éxodo pascual de los hijos hacia el Padre.

FLOR DE CADA DIA Y SUPLICA:

Te presentamos, como ofrenda floral, el Narciso;
simboliza la JUSTICIA. Es grande la necesidad que
siente la persona de que reine la justicia verdadera. Jesús llamó bienaventurados a los que tienen hambre y
sed de justicia; también a los que sufren luchando por
ella.

Tú, María, que eres Reina de justicia, concédenos el
espíritu de justicia, la ecuanimidad y el equilibrio para
nuestro actuar. Y haz que, sin violencia, podamos cla-
mar contra las situaciones injustas que padecen los
más débiles.

(Rezar tres Ave Marías...).

ORACION FINAL

María, tu canto del Magníficat proclama
la confianza en el poder de Dios que salva
y es el liberador de los débiles y oprimidos.

Que tu ejemplo nos impulse a liberarnos
de toda esclavitud interior o exterior,
así gozaremos el Reino de justicia y libertad
en el presente y con Jesús en la gloria del cielo.

Día 25.º
MARIA, SOCORRO NUESTRO

INVOCACIONES INICIALES E HIMNO (pág. 7)

LA PALABRA DE DIOS

"Nos eligió con él, antes de crear el mundo, para que estuviéramos consagrados y sin defecto a sus ojos por el amor, destinándonos ya entonces a ser adoptados por hijos suyos por medio de Jesucristo —conforme a su querer y a su designio—, a ser un himno a su gloriosa generosidad" (Ef 1, 4-6).

"Faltó el vino y le dijo su madre: No les queda vino. Jesús le contestó: ¿Qué nos va a mí y a ti en esto, mujer? Todavía no ha llegado mi hora. Su madre dijo a los sirvientes: Haced lo que él os diga". (Jn 2, 2-4).

María es presentada, al lado de Jesús, en favor de los hombres; y sigue estando cercana a todos, por su vinculación a la Iglesia como Madre de ella. Su función intercesora queda puesta de relieve en el episodio de la boda en Caná.

Hoy perdura el ejercicio de su atención maternal hacia nosotros que caminamos entre peligros y necesidades. La Virgen María es socorro y ayuda para quien la invoca; desempeña la tarea mediadora y subsidiaria al lado de Jesús y en colaboración maternal con él.

MADRE DE LA MANO TENDIDA

Madre de la mano tendida a cada instante,
eres faro de luz que se derrama a tiempo pleno.

Tu amor hace guardia permanente a nuestro lado,
prende hogueras de vigilia hasta que el alba asoma,
averigua las heridas clandestinas en el alma
y acude a su remedio, ternura en bandolera.

Toda te agolpas, María, en socorro perpetuo
para nuestra condición de humanas impotencias.
Sintiéndote madre cercana, amor en ascua,
a ti acudimos, Virgen del abrazo
y la mirada siempre a punto hacia nosotros.

FLOR DE CADA DIA Y SUPLICA:

Te presentamos como obsequio la Hortensia que simboliza la GRATITUD. Queremos ser agradecidos, reconocer y valorar tantos beneficios recibidos del Señor: el don de la vida, la salud, la familia, los bienes de la tierra, la naturaleza y sus maravillas, pero, sobre todo, el habernos dado la fe cristiana.

Muchos son los favores que, por tu intercesión de Madre, hemos recibido. Te pedimos nos sigas ayudando y que con nuestra conducta manifestemos el amor y gratitud que debemos a Dios.

(Rezar tres Ave Marías...).

81

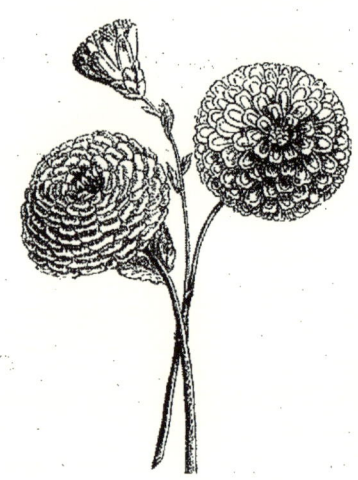

ORACION FINAL

María, bienaventurada y elegida del Señor,
el orbe te mira y te invoca cual Madre universal.

Muestra en nosotros, siempre tan necesitados,
el amor profundo que tienes a la Iglesia de tu Hijo.

Sé nuestra abogada, socorro y ayuda en la vida,
mientras vamos al encuentro con Jesús, que vive...

Día 26.º
MARIA, MADRE DEL AMOR HERMOSO

INVOCACIONES INICIALES E HIMNO (pág. 7)

LA PALABRA DE DIOS

"Si uno confiesa que Jesús es el Hijo de Dios, Dios está con él y él con Dios; por nuestra parte, el amor que Dios mantiene entre nosotros ya lo conocemos y nos fiamos de él. Dios es amor: quien permanece en el amor permanece en Dios y Dios en él" (Jn 4,15-17).

"Os doy un mandamiento nuevo: que os améis unos a otros; como yo os he amado, así también amaos mutuamente. En esto conocerán que sois discípulos míos: si os tenéis amor unos a otros". (Jn 13, 34-35).

En el plano cristiano, el amor de Dios y al prójimo es la realidad más importante y definitiva; es la esencia y resumen de todo el mensaje de Jesús y es la actitud fundamental para pertenecer a su Reino.

María se nos presenta como el modelo del perfecto amor a Dios y a los hermanos. Por su entrega total al plan de salvación y porque el amor de María se hace presencia, al lado de Jesús, en favor de los hombres: actitud de preocupación, delicadeza y de servicio hacia quienes le necesitan. Prosigue su función maternal desde el cielo, derramando su amor y solicitud

83

Ofrenda a María: Plegaria

MADRE DE AMOR

Te llamamos, María, Madre del amor hermoso,
del amor al alba velando la ternura,
del amor, tan joven, ardiendo a mediodía,
del amor en calma componiendo su solera.

Tu amor, apiñado a flor de piel,
alumbra nubes para cuna del Dios Niño,
se hace desvelo, caricia y mano alentadora
para el Niño que ya anda, crece y elige su camino,
para el Hombre-Dios que consuma su Misterio.

El amor te designó como puerta
y regazo de nuestro Dios viajero y te nombra,
gozo pleno, Madre nuestra para siempre.

Flor de cada día y súplica:

La flor que hoy te ofrecemos es la Capuchina; simboliza la CARIDAD, el verdadero amor al prójimo. Tu exquisita delicadeza y atención a los demás nos enseña el valor de la caridad, sobre todo, dirigida a los más necesitados. Jesús nos dijo que en el amor a los más pequeños le amamos a El y que si decimos amar a Dios, pero no amamos al hermano, nos engañamos a nosotros mismos.

Concédenos que nuestra caridad sea según el modelo que nos describe S. Pablo en su canto a la caridad. (1 Co 13).

(Rezar tres Ave Marías...).

ORACION FINAL

María, todo tu ser nos habla de amor:
a manos llenas para tu Hijo Jesús,
amor paciente ante la espada de dolor injusto,
amor pascual alentando a la primera Iglesia,
amor glorioso en el éxtasis del cielo.

Enséñanos a amar a todos como hermanos,
así encontraremos a Jesús, que vive ...

Día 27.º
MARIA EN NUESTRA DEVOCION

INVOCACIONES INICIALES E HIMNO (pág. 7)

LA PALABRA DE DIOS

"Sabemos también que, con los que aman a Dios, con los que él ha llamado siguiendo su propósito, él coopera en todo para su bien. Porque los eligió primero, destinándolos desde entonces a que reprodujeran los rasgos de su Hijo" (Rm 8, 28-29).

"Acercaos a mí todos los que estáis cansados y abrumados, que yo os daré respiro. Cargad con mi yugo y aprended de mí que soy manso y humilde: encontraréis vuestro descanso, pues mi yugo es llevadero y mi carga ligera". (Mt 11, 29-30).

La Iglesia distingue a María con un amor especial y le dedica un culto de alto rango: "de veneración y amor, de invocación e imitación" (LG 66).

La devoción a María constituye un aspecto importante de nuestra religiosidad cristiana, porque su dignidad de Madre de Cristo, su función en la historia de salvación y su tarea de intercesión como Madre de la Iglesia, suscitan admiración y confianza para acudir a ella.

MADRE INTIMA

Madre de nuestra admiración y asombro,
tu corazón amasa con mimo la ternura
para servirla como el pan aún caliente
que hambrean nuestros llantos ancestrales,
acude, raudo, a la cita siempre urgente
de cada herida abierta a flor de hombre,
alumbrando el prodigio del consuelo y la sonrisa.

Tus manos convocan a tareas que el amor ingenia:
plantar faros en las noches sin rumbo
y flores a la orilla del corazón reseco,
componer veneros de paz a cielo abierto
y ser caudal interminable de esperanza.

FLOR DE CADA DIA Y SUPLICA:

Nuestro obsequio floral de hoy es la Azucena; simboliza la PUREZA. Bienaventurados los puros y limpios de corazón porque ellos tendrán la visión de Dios, dijo Jesús en el Evangelio. Porque, para ver a Dios, es necesario poseer un alma limpia, ser transparente y claro de intenciones; entonces la inocencia sube a los ojos que pueden asombrarse ante la grandeza de Dios.

Concédenos, Virgen María, la pureza en nuestro corazón, ser limpios de pensamiento, palabra y obra.

(Rezar tres Ave Marías...).

Oracion final

María, Dios te eleva a la grandeza verdadera:
estar junto a El, pero bien cerca de nosotros;
porque fuiste ancho portal para Jesús, tu Hijo,
y puente hacia nuestra condición humana.

Te amamos y alabamos con veneración filial
y te pedimos nos ayudes a honrarte de verdad,
para que tu devoción nos lleve a Jesús, que vive...

Día 28.º
MARIA, ASIENTO DE SANTIDAD

INVOCACIONES INICIALES E HIMNO (pág. 7)

LA PALABRA DE DIOS

"Precisamente el Espíritu acude en auxilio de nuestra debilidad; nosotros no sabemos a ciencia cierta lo que debemos pedir, pero el Espíritu en persona intercede por nosotros con gemidos inefables" (Rm 8, 26-27).

"Señor, ¿No te importa que mi hermana me deje sola con la tarea? Dile que me eche una mano. Pero el Señor le contestó: Marta, Marta, andas inquieta y nerviosa con tantas cosas; sólo una es necesaria. Sí, María ha escogido la mejor parte, y ésa no se le quitará". (Lc 10, 40-42).

María fue santa viviendo a la perfección su vocación temporal: madre y esposa. No vive retirada, sino en su ambiente concreto de hogar, trabajo, vida de familia; haciendo bien las cosas pequeñas. Todos tenemos como vocación y deber el alcanzar la santidad propia de nuestro estado de vida.

La santidad no es cosa de privilegiados, atendiendo bien nuestros deberes nos santificamos: amor a Dios y al prójimo, concretado en las obligaciones parciales ordinarias. Es necesario asumir la escala de valores de Jesús y ser fiel a ella.

ASIENTO DE SANTIDAD

María, santa y bendita a la medida de Dios,
en vuelo siempre por regocijos interiores,
eres como flor en cada mano,
la ofrenda plena que agrada al Señor.

Eres, María, cantar de arroyo joven,
claridad amiga rompiendo nuestra noche,
caricia fresca en la abrasada frente.

María, Virgen llena de gracia y santidad,
cercana madre a nuestros afanes y temblores,
alienta nuestros pasos indecisos a la luz,
infúndenos el gusto por las cumbres del Señor.

FLOR DE CADA DIA Y SUPLICA:

Te ofrecemos hoy la flor de la Begonia que simboliza la CONSTANCIA. Virtud tan necesaria para nuestra vida de intento continuo hacia la realización de nuestro ser de cristianos. Tenemos buena voluntad y hasta reconocemos nuestros fallos; vemos el camino a seguir y los valores a alcanzar, siguiendo a Cristo.

Pero nos cansamos pronto y abandonamos el esfuerzo; nos vence la desgana y la debilidad. Jesús dijo que no puede seguirle quien habiendo puesto la mano en el arado, vuelve la vista atrás. Te pedimos la virtud de la constancia en el bien.

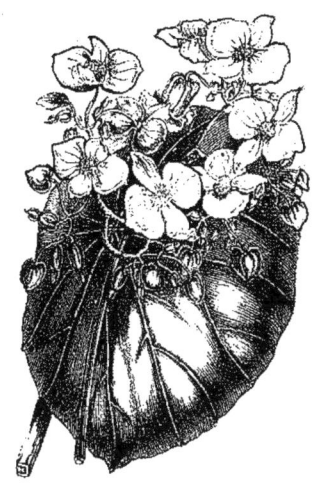

(Rezar tres Ave Marías...).

ORACION FINAL

María, Tú alcanzaste la más alta santidad
porque fuiste un sí radical y constante al Señor.
Tu vida oculta en las tareas sin relieve
es un canto a la perfecta grandeza en lo pequeño.

Enséñanos a valorar nuestro quehacer humano
y a ser constantes en la entrega por amor.
Así, santificados, veremos a Dios, que vive...

Día 29.º
MARIA Y NUESTRA RECONCILIACION

Invocaciones iniciales e himno (pág. 7)

La palabra de Dios

"Donde hay un cristiano, hay humanidad nueva; lo viejo ha pasado; mirad, existe algo nuevo. Y todo es obra de Dios que nos reconcilió consigo a través de Cristo y nos encomendó el servicio de la reconciliación" (2 Co 5, 17-19).

"En consecuencia, si yendo a presentar tu ofrenda al altar te acuerdas allí de que tu hermano tiene algo contra ti, deja allí tu ofrenda, ante el altar, y ve primero a reconciliarte con tu hermano; vuelve después y presenta tu ofrenda". (Mt 5, 23-24).

María es el prototipo sublime de la criatura redimida por los méritos de Cristo y ejemplo de la Iglesia peregrinante en la fe. Es Madre de la reconciliación por su íntima colaboración en el plan salvador, al lado de Jesús.

Desde una postura realista y con el reconocimiento de nuestra condición limitada, los cristianos sentimos la necesidad de la conversión continua, de situarnos en actitud de reconciliación, sin caer en obsesiones culpabilizadoras. Es preciso construir, día a día, la humanidad nueva.

CONCILIADA EN PLENITUD

María, Virgen fiel a Dios a tiempo pleno,
eres don y entrega arrodillada ante el Señor.
Tu nombre nuevo: llena de gracia,
sabe a caricia y fiesta del aire entre los pinos,
a puntual amanecida de las flores en el valle,
y anuncia tu hermosura presentida:
alma gemela de la luz, Inmaculada,
surtidor en llama, costumbre de violeta.

María, sé guía y mano mediadora
para el hombre que precisa, con urgencia,
tanta reconciliación con Dios y los hermanos.

FLOR DE CADA DIA Y SUPLICA:

Te presentamos como ofrenda floral la Roselia;
simboliza la TOLERANCIA. Una actitud necesaria
para hacer posible la convivencia pacífica en la plura-
lidad.

Somos distintos y nuestra diversidad en ideas, gus-
tos y opiniones, en vez de provocar conflictos, genera
riqueza en la variedad; para ello es preciso ser tolerantes, saber dialogar y respetar a quien es diferente. Danos ser comprensivos y tolerantes.

(Rezar tres Ave Marías...).

Oracion final

María, libre de todo pecado y culpa,
eres el ideal de la Humanidad redimida
y el modelo y Madre de la reconciliación.

Haz que, si pecamos, busquemos con prontitud
el perdón de Dios y la paz con los hermanos.
Así alcanzaremos el Reino futuro de tu Hijo.

Día 30.º
MARIA Y NUESTRO COMPROMISO CRISTIANO

INVOCACIONES INICIALES E HIMNO (pág. 7)

LA PALABRA DE DIOS

"Los Apóstoles salieron del Consejo contentos de haber merecido aquel ultraje por causa de Jesús. Ni un solo día dejaban de enseñar en el templo y por las casas, dando la buena noticia de que Jesús es el Mesías" (Hch 5, 41-42).

"Vosotros sois la luz del mundo... No se enciende un candil para meterlo debajo del perol, sino para ponerlo en el candelero y que alumbre a todos los de casa. Alumbre también vuestra luz a los hombres; que vean el bien que hacéis y glorifiquen a vuestro Padre del cielo". (Mt 5, 14-16).

La Virgen María aparece como la criatura humana más plenamente entregada e identificada con los planes de Dios. Como cristianos estamos llamados a un serio y continuo compromiso en la fe; las palabras no bastan, es necesario el testimonio de las obras.

La fe, hecha vivencia, insta a una tarea de apostolado, hemos de ser luz y sal de la tierra, levadura y fermento en la masa.

LA COMPROMETIDA DEL SEÑOR

Decir tu nombre, María, en voz callada
es pulsar la cuerda cálida del gozo y la ternura,
poblar el corazón de anhelos infinitos
y posarse en el caudal de tus caricias, Madre.

María, doncella en flor, esposa fiel,
eres llama arrebatada en ofrenda a tu Señor.
Madre cabal, eres crecido amor en prodigio
y anclada fidelidad junto a tu Hijo.

Danos el secreto de tu donación perfecta
y enséñanos a amar al Dios cercano
que nos propone su querer como tarea cotidiana.

FLOR DE CADA DÍA Y SÚPLICA:

Te presentamos como obsequio floral la Cala; simboliza la SOLIDARIDAD. Sabernos ciudadanos del mundo y partícipes de una existencia y destino común, ha de abrirnos a una solidaridad y fraternidad con todos los que habitan la tierra. De forma especial ha de mostrarse con los débiles, los olvidados, los pobres y desheredados del mundo. El compartir es la primera consecuencia de nuestro talante solidario; y el comprometernos en la tarea de hacer posible una sociedad más justa y fraterna. Danos fuerza, Virgen María, en nuestro empeño.

(Rezar tres Ave Marías...).

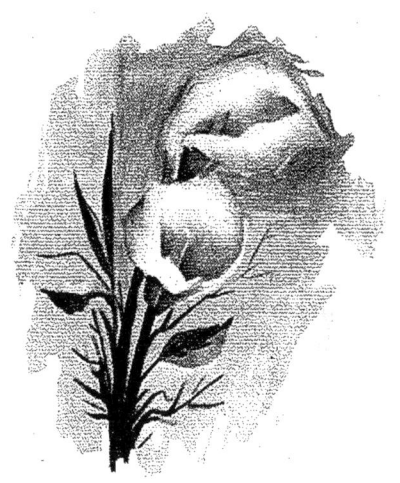

ORACION FINAL

María, Madre del amor entregado hasta el fin,
en ti descubrimos el ejemplo necesario
para vivir nuestro compromiso en la fe.

Ayúdanos a ser apóstoles cristianos convencidos,
testigos fuertes de la verdad, de la justicia
y del amor liberador de nuestro Dios, que vive...

Día 31.º
MARIA, SIGNO DEL TRIUNFO FUTURO

INVOCACIONES INICIALES E HIMNO (pág. 7)

LA PALABRA DE DIOS

"Sólo una cosa me interesa: olvidando lo que queda atrás y lanzándome a lo que está delante, correr hacia la meta, para alcanzar el premio al que Dios llama desde arriba por Cristo Jesús" (Flp 3, 13-14).

"En la casa de mi Padre hay muchas moradas; si no fuera así, os lo diría, porque voy a prepararos sitio. Cuando yo me haya ido y os haya preparado sitio, de nuevo volveré y os llevaré conmigo, para que donde yo estoy, estéis también vosotros". (Jn 14, 2-4).

Cristo ha vencido, con su Resurrección, el pecado y la muerte; su triunfo es nuestro también por ser Cabeza de la Iglesia. La Virgen María participa de la glorificación de Cristo, porque vivió asociada en todo a su Hijo. La Tradición de la Iglesia lo ha mantenido y declarado oficialmente en el misterio de su Asunción al cielo.

María es también, junto a Jesús, signo de nuestra gloria futura. Como primera creyente y miembro eximio de la Iglesia, recibió la primera su glorificación. A todos, por la bondad de Dios, nos aguarda el jornal de gloria que estimula nuestro esfuerzo actual.

OFRENDA A MARIA: PLEGARIA

SIGNO DEL TRIUNFO

María, Reina del cielo, Madre de la Gloria,
eres cálido esplendor de la casa del Padre,
la mano que derrama favores de lo alto.

Mirarte es librar cataratas de estrellas,
alumbrar un jardín de incontables camelias acunadas,
enlazar campanillas, margaritas y violetas
que griten aleluias sin descanso,
convocar, en repique de gloria, azucenas,
claveles, gladiolos y jazmines.

Es invocarte estrenar alegría al instante,
componer jubilosa bandada de himnos,
sentir la hondura del beso y tu caricia de Madre
y andar de tu mano, María, caminos de cielo.

FLOR DE CADA DIA Y SUPLICA:

Hoy te ofrendamos como flor las Campanillas; simbolizan la SINCERIDAD. Jesús nos dijo que la "verdad nos hace libres". Necesitamos que nuestro obrar sea transparente, que nuestros comportamientos estén presididos por la rectitud, que nuestras palabras sean siempre sinceras.

Haz que alcancemos esta virtud de la sinceridad en obras y palabras.

(Rezar tres Ave Marías...).

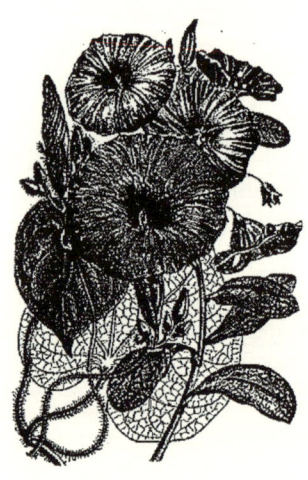

Oracion final

María, Señora del cielo, flor de la Gloria,
al verte elevada en triunfo al lado de Jesús,
surge nuestra admiración y amor a ti.

Ayúdanos a mantener a pie firme la esperanza,
a vivir la fe y a llenarnos de amor a Dios;
haznos dignos de alcanzar las promesas de Cristo.

Indice